小学生のための
文章レッスン

# なんかヘンだを手紙で伝える

村中李衣　作　　藤原ヒロコ　絵

玉川大学出版部

# もくじ

# 小学生《しょうがくせい》のための文章《ぶんしょう》レッスン　なんかヘンだを手紙《てがみ》で伝《つた》える

# はじめに――この本《ほん》を読《よ》んでくれるあなたへ

学校《がっこう》や家《いえ》でこんな経験《けいけん》はありませんか？「あれ、それってなんだかヘンじゃない？」って思《おも》ったのに、それをはっきりと口《くち》に出《だ》して言《い》えずに、そのままにしちゃった。でも、やっぱりヘンだって気持《きも》ちがずうっと消《き》えずに、心《こころ》の中《なか》でモヤモヤし続《つづ》けてる……。この本《ほん》に登場《とうじょう》する佳奈《かな》ちゃんも、そんな〝モヤモヤ少女《しょうじょ》〟のひとりです。

佳奈《かな》ちゃんは、ある日曜日《にちようび》、街《まち》で偶然《ぐうぜん》「小学生限定《しょうがくせいげんてい》！　なんかヘンだのお悩《なや》み相談室《そうだんしつ》」という看板《かんばん》のかかったふしぎなお店《みせ》を見《み》つけます。

モヤモヤをどうにか解決《かいけつ》したくて、おそるおそるお店《みせ》のドアを開《あ》けた佳奈《かな》ちゃんを待《ま》っていたのは、ブロンドの髪《かみ》がさらさらゆれる、背《せ》の高《たか》い、カッコイイ男《おとこ》の子《こ》。ちょっとびっくり！

「やぁ、いらっしゃい。ずいぶん困《こま》ったような顔《かお》をしていますね。まるで、すこしまえのぼくのようだ。まずは、そのソファに座《すわ》って深呼吸《しんこきゅう》して。それから、もしもぼくでよかったら、なんでもいいよ、話《はな》してごらん」

これから紹介《しょうかい》するのは、「なんかヘンだのお悩《なや》み相談室《そうだんしつ》」で、佳奈《かな》ちゃんが実際《じっさい》に体験《たいけん》したことです。あなたも、佳奈《かな》ちゃんといっしょに、まずはお悩《なや》み相談室《そうだんしつ》のふわふわソファに座《すわ》ってみてください。

佳奈《かな》のお悩《なや》み

# あたしだまってたけど、ほんとうにそれでよかったのかな？

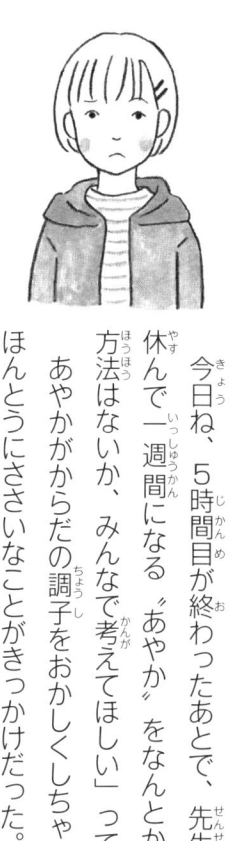

今日《きょう》ね、5時間目《じかんめ》が終《お》わったあとで、先生《せんせい》が「学校《がっこう》を休《やす》んで一週間《いっしゅうかん》になる〝あやか〟をなんとかして励《はげ》ます方法《ほうほう》はないか、みんなで考《かんが》えてほしい」って言《い》ったの。

あやかがからだの調子《ちょうし》をおかしくしちゃったのって、ほんとうにささいなことがきっかけだった。

図工《ずこう》の江波先生《えなみせんせい》に赤《あか》ちゃんが生《う》まれるんで、かわりに田宮先生《たみやせんせい》っていう若《わか》い男《おとこ》の先生《せんせい》がきた。すらっとしてて、メガネがよく似合《にあ》う、やさしそうな先生《せんせい》。

でね、田宮先生《たみやせんせい》が、いくつかの絵《え》を黒板《こくばん》に貼《は》って、「これはなんていう手法《しゅほう》か、だれかわかる人《ひと》はいますか？」ってたずねた。そのとき、あやかがすっと手《て》をあげて、「デカルコマニーです」って答《こた》えた。そしたら、原田《はらだ》がプーッて吹《ふ》きだした。

原田《はらだ》に続《つづ》いてクラスの男子《だんし》たちがみんな、プーッって。

「どうした、みんな？　デカルコマニーのなにがおかしいんだ？　ちゃんとした絵《え》の技法《ぎほう》のひとつじゃないか」って、田宮先生《たみやせんせい》はあせってみんなをしずめようとしたけど、むだだった。「デカルコマニー」っていう聞《き》きなれないことばと、ちょっとぽっちゃりしたあやかの雰囲気《ふんいき》と、目《め》の前《まえ》のやせた先生《せんせい》の3つの組《く》み合《あ》わせが、男子《だんし》の笑《わら》いのツボにはまっちゃったんだと思《おも》う。

ノリがよすぎるっていうか、一度《いちど》はしゃぎ出《だ》すと、みんなとまらない。それで、男子《だんし》たちは一日中《いちにちじゅう》あやかに向《む》かって、「デカルコマニー」「デカルコマニー」ってからかってた。その日《ひ》、あやかは給食《きゅうしょく》を食《た》べずにずっとうつむいてて、次《つぎ》の日《ひ》から、学校《がっこう》にこなくなった。

男子《だんし》たちも、男子《だんし》といっしょに笑《わら》ってた女子《じょし》たちも、さすがに反省《はんせい》していて、「なんとかしたいな」って思《おも》ってたんだと思《おも》う。うちのクラスにしてはめずらしく、熱心《ねっしん》な話《はな》し合《あ》いになったわ。

それでね、田坂《たさか》くんが提案《ていあん》した「みんなで手紙《てがみ》を出《だ》そう」っていう案《あん》と、ユミが

6月4日（火）
（日直）竹下 田中
①手紙を書く
②折りヅルを折る
③お見舞にいく

提案《ていあん》した「みんなで折《お》りヅルを折《お》ろう」っていう案《あん》と、それから星《ほし》くんが提案《ていあん》した「学級《がっきゅう》委員《いいん》が代表《だいひょう》してお見舞《みまい》にいく」っていう３つの案《あん》が出《で》て、多数決《たすうけつ》をとろうということになったの。

　あたしは、どの案《あん》も「なんだかちがうな」って思《おも》った。でも、どうちがうのか、よくわからなかった。それに、こういうことを多数決《たすうけつ》で決《き》めるのも、すごーくヘンだなって思《おも》ったの。だけど、どうヘンなのか、うまく説明《せつめい》できないし……。だからなにも言《い》えなくて、３つのうち、どれにも手《て》をあげなかった。

　結果《けっか》は、田坂《たさか》くんの案《あん》になった。でも、あたし、いまみんなが「早《はや》く学校《がっこう》に出《で》てきてください」なんて手紙《てがみ》を出《だ》しても、あやかはうれしいどころか、もっとつらくなるだろうなって思《おも》う。あやかの友《とも》だちだからわかるんだ。

　でも、もういまさら「これってヘン！」なんてぜったい言《い》えない。「多数決《たすうけつ》で決《き》まったのに、いまさらなにを言《い》ってんだよ」って、みんなに責《せ》められちゃう。

　でも、でも……あやかの気持《きも》ちを考《かんが》えたら、このままじゃだめ！　教《おし》えてください、あたし、どうすればいい？

## サミュエルくんが、お悩《なや》み相談《そうだん》のまえに語《かた》ったこと

佳奈《かな》ちゃん、苦《くる》しい気持《きも》ちを伝《つた》えてくれてありがとう。

ほんとうは、話《はな》し合《あ》いが終《お》わるまえに「ちょっと待《ま》って、みんな聞《き》いて!」って言《い》ったほうがよかったと思《おも》うけれど、いまからでも遅《おそ》くないよ。だいじょうぶ、ぼくといっしょに、「やっぱり、これってどこかヘンです」

って伝《つた》える手紙《てがみ》を書《か》こう。きみが心配《しんぱい》しているように「いまさら、なんなんだよ」ってみんなに思《おも》われないような気持《きも》ちの伝《つた》え方《かた》、手紙《てがみ》でだったら、できるかもしれないよ。

手紙《てがみ》を書《か》くまえに、なんでこんなお悩《なや》み相談室《そうだんしつ》をはじめたのか、まずはぼくのことを話《はな》しておくね。

## 日本《にほん》の学校《がっこう》にやってきて、びっくり

ぼくの名前《なまえ》は、サミュエル・ケン・大杉《おおすぎ》。みんなは、サムって呼《よ》ぶよ。中学《ちゅうがく》2年生《ねんせい》だ。お父《とう》さんはカナダ人《じん》で、お母《かあ》さんは日本人《にほんじん》。3年前《ねんまえ》、カナダのトロントから、お父《とう》さんの仕事《しごと》の都合《つごう》で名古屋《なごや》にやってきた。こうやって日曜日《にちようび》だけ、きみのように悩《なや》んでいる小学生限定《しょうがくせいげんてい》で相談室《そうだんしつ》を開《ひら》くことにしたのは、ぼくにも日本《にほん》にきて間《ま》もない小学生《しょうがくせい》のころ、同《おな》じようにすっごく悩《なや》んだ経験《けいけん》があるからなんだ。

日本《にほん》にくるまで、トロントでは週末《しゅうまつ》に日本人学校《にほんじんがっこう》に通《かよ》っていたし、家《いえ》では家族《かぞく》がふつうに日本語《にほんご》をしゃべっていたから、日本語《にほんご》はそんなにむずかしくはなかったよ。むずかしかったのは、もっと別《べつ》なことだ。「日本《にほん》にいったら、あまり英語《えいご》を上《じょう》手《ず》にしゃべっちゃいけないよ。『気《き》どってる』って思《おも》われるかもしれないから。それから、『カナダでは……』ってことばも、ぜったい言《い》っちゃだめだよ」って、ぼくより先《さき》に日本《にほん》にもどった日本人学校《にほんじんがっこう》の友《とも》だちがメールで教《おし》えてくれていた。最初《さいしょ》は、その意味《いみ》がわからなかった。

でもね、日本《にほん》にきて3か月《げつ》もたつと、ぼくにもだんだんわかってきた。日本《にほん》の小学生《しょうがくせい》って、ダサすぎるのもカッコよすぎるのも、だめなんだよね。ちょっと困《こま》ったり悩《なや》んでる感《かん》じをどこかに漂《ただよ》わせて、みんなに「たいへんだね」ってかすかにやさしくしてもらえるような立場《たちば》に立《た》つのがいい。でも、その悩《なや》みが大《おお》きすぎたり、くよくよしすぎたら、今度《こんど》は「ウザったい」って敬遠《けいえん》される。だいじなのは、相手《あいて》にほんのすこし優越感《ゆうえつかん》をもたせる感《かん》じでいること。

　だけど、こればっかりでもだめで、ややこしいのは、「おっ、でもあいつ、なかなかすごいところもあるな」と認《みと》めさせるような部分《ぶぶん》もひそかにたくわえておいて、ときたまチラ見《み》せしなくちゃならないってこと。これがないと、なにかの拍子《ひょうし》に一気《いっき》にバカにされてしまったりするんだよね。

　でも、いつもいつもこんな分析《ぶんせき》のもとに自分《じぶん》を表現《ひょうげん》するなんて疲《つか》れるし、ぼくはまっぴらごめんだと思《おも》った。「ぼくは、ぼくだ。それで友《とも》だちになってくれないようなら、別《べつ》にいいや」ってね。そんな矢先《やさき》に、〝スカイツリー事件《じけん》〟が起《お》こったんだ。

## 〝スカイツリー事件《じけん》〟起《お》こる

日本《にほん》にきて初《はじ》めての秋《あき》の大運動会《だいうんどうかい》。クラスで出《だ》しものを競《きそ》い合《あ》うことになった。ぼくの転入《てんにゅう》した5年《ねん》3組《くみ》では、話《はな》し合《あ》いの結果《けっか》——というか、案《あん》らしい案《あん》も出《で》なかったので——司会《しかい》の係《かかり》は、先生《せんせい》がひとつの例《れい》として提案《ていあん》した「男子《だんし》・女子《じょし》が協力《きょうりょく》して、組体操《くみたいそう》の〝東京《とうきょう》スカイツリー〟をつくる」っていうのに賛成《さんせい》か反対《はんたい》かの手《て》をあげさせて、賛成多数《さんせいたすう》であっさり決《き》まった。

ぼくは、「え、なぜ？」と思《おも》ったから、「東京《とうきょう》でもないのに、なぜスカイツリーなの？」と質問《しつもん》した。でも、「え？　別《べつ》にいいじゃん、かっこいいし」って、だれもまともに考《かんが》えようとしてくれない。

「じゃ、5年《ねん》3組《くみ》でスカイツリーをつくって、みんなにどんなメッセージを届《とど》けるつもりなんだい？」って聞《き》いたら、「ほー、メッセージだってさ。そんなたいそうなもん、いらないんじゃないの。もともと組《くみ》たいそう、だし」って、わけのわからないダジャレ。

「それともあれかな、カナダ人《じん》としては、日本《にほん》のタワーが世界一《せかいいち》になるのがおもし

ろくないのかなぁ〜」

ぼくは、このセリフで完全《かんぜん》に頭《あたま》にきて、言《い》った子《こ》になぐりかかってしまった。もう5年《ねん》3組《くみ》は大騒《おおさわ》ぎ。担任《たんにん》の先生《せんせい》が、きれいなワンピースのすそをぎゅうっと握《にぎ》りしめて、「やめて、やめてぇ〜！」って、泣《な》きそうな表情《ひょうじょう》になっちゃった。

それまでおもしろそうにはやしたててた男子《だんし》たちは、「あぁ〜あ、やっちゃった」ってしらけた顔《かお》。クラスの女子《じょし》たちも、さっきまでは「男子《だんし》と組体操《くみたいそう》なんてぜったいやだ」ってこそこそしゃべってたのに、し〜んとしちゃって、ぼくだけ悪者《わるもの》になっちゃった。

もっとばかばかしいのは、この事件《じけん》の結末《けつまつ》。けっきょく、組体操《くみたいそう》は危険《きけん》だからナシって、学校《がっこう》で決《き》まったんだ。それで、スカイツリー案《あん》はあっさり消滅《しょうめつ》。抗議《こうぎ》したぼくは、ひたすら言《い》い損《ぞん》。

もうなにも言《い》うもんか。言《い》えば損《そん》する。おとなしく黙《だま》ってやりすごすほうが、賢《かしこ》いってことか。日本人学校《にほんじんがっこう》の友《とも》だちが言《い》ってたのは、このことだったんだ。

夕食《ゆうしょく》のテーブルでそう話《はな》すと、おねえちゃんが、「言《い》って〝損《そん》〟したって思《おも》うのなら、言《い》うのをやめるんじゃなくて、ちゃんと〝得《とく》〟するまで言《い》ってみたら？　あたしは、そうやってきたわ」って。

「得《とく》するまで言《い》う」って、ちょっと新鮮《しんせん》なことばだった。え、どうすれば得《とく》するのかなって、シチューを食《た》べる手《て》をとめて、真剣《しんけん》に考《かんが》えちゃった。

　するとね、日本文化《にほんぶんか》にくわしいお父《とう》さんは、「日本《にほん》には、不利《ふり》とわかった闘《たたか》いにあえて挑《いど》まなくてはならないようなときに、〝文《ふみ》〟をもって意見《いけん》を申《もう》し述《の》べるという風習《ふうしゅう》があるのだぞ」って言《い》いだした。「フミ？」って聞《き》きかえすと、お父《とう》さんはお気《き》に入《い》りのDVD《ディー・ブイ・ディー》を出《だ》してきて、「これを見《み》なさい」と言《い》った。

　時代《じだい》は江戸時代《えどじだい》。貧《まず》しい村人《むらびと》が粟《あわ》を食《た》べて飢《う》えをしのいでいたのに、「赤《あか》いまんま食《た》べた」と言《い》う子《こ》どものことばで「隠《かく》れて赤飯《せきはん》を食《た》べている。年貢《ねんぐ》をごまかしているにちがいない」と役人《やくにん》に疑《うたが》いをかけられ、みせしめのために殺《ころ》されそうになる。どう釈明《しゃくめい》してもわかってもらえないので、村人《むらびと》のひとりが、命《いのち》がけの嘆願書《たんがんしょ》を街《かい》道《どう》をすすむ殿様《とのさま》の行列《ぎょうれつ》に向《む》かってさし出《だ》す――DVD《ディー・ブイ・ディー》は、そんな内容《ないよう》だった。

「手紙《てがみ》は、ときとして、直接《ちょくせつ》ことばで伝《つた》えるよりも書《か》く人《ひと》の強《つよ》い思《おも》いをこめることができるのだ。一度《いちど》、クラスのみんなに、いまのおまえの思《おも》いを手紙《てがみ》で書《か》いてみたらどうだ？」と、お父《とう》さん。

かっこいい昔《むかし》の日本人《にほんじん》のＤＶＤ《ディー・ブイ・ディー》を見《み》たあとだったからね、「よし、やってみる価《か》値《ち》はあるかも」って思《おも》っちゃった。

## 〝文《ふみ》〟に挑戦《ちょうせん》！

まず、ぼくが用意《ようい》したのは、文房具屋《ぶんぼうぐや》さんに売《う》ってるような便《びん》せんじゃなくて、ＤＶＤ《ディー・ブイ・ディー》で見《み》たような巻紙《まきがみ》……と言《い》いたいところだけれど、どこで買《か》えばいいのかわからなかったので、とりあえずキッチンペーパー。それに筆《ふで》ペンで書《か》きはじめた。

書《か》き出《だ》しはこうだ。

「５年《ねん》３組《くみ》のみんなへ　それから、先生《せんせい》へ」

次《つぎ》に「ぼくには、どうしても言《い》っておきたいことがある」と書《か》いたら、それまでだまって様子《ようす》を見《み》ていたおねえちゃんに、「それは、けんかごしね。もうすこし、あなたがこのアクシデントでずっと苦《くる》しんでいることを書《か》いたほうが、いいと思《おも》うわ」とアドバイスされた。

　それで書《か》きなおした文章《ぶんしょう》は、こうだ。

「今日《きょう》、○○くんととっくみあいのけんかをしてから、ずっと悩《なや》んでいます。それに、先生《せんせい》の悲《かな》しそうな顔《かお》も何度《なんど》も浮《う》かんできて、つらくてしかたがありません」

「うん、いい調子《ちょうし》」と、おねえちゃんはうなずいてくれた。

「ぼくは、スカイツリーの組体操《くみたいそう》をやりたくなかったのではありません。なぜスカイツリーをやるのか、その理由《りゆう》を知《し》りたかっただけなのです」

「ふん」と、おねえちゃんは鼻《はな》をならした。

「でも、理由《りゆう》なんてだれにもないはずだって、サムは思《おも》ってたんでしょ？　だったら、『理由《りゆう》を知《し》りたかった』なんてホントの心《こころ》とちがうことを書《か》いてちゃ、なんだかんだ言《い》ったって、けっきょくはやりたくなかったんじゃないのぉって、この時点《じてん》で切《き》られるね」

　そうか、ぼくの「知《し》りたかっただけ」にはこっそり〝うそ〟があるんだなって、気《き》づいた。それで、もう一度《いちど》、こう書《か》きなおした。

「ぼくは、せっかくのクラス対抗《たいこう》だから、『ぼくたちのクラスは、こんな気持《きも》ちでいるんだよ』ということを、観《み》ている人《ひと》たちにじまんできるようなものをつくりたかったんだ」

おねえちゃんは、「なんで、サムは観《み》ている人《ひと》たちにじまんしたかったのかな？クラス対抗《たいこう》に勝《か》つため？」と、つっこんで聞《き》いてきた。

「ちがう」と、ぼくは言《い》った。ほんとうに、それはちがう。ぼくがこだわっていた理由《りゆう》は……。

「だって、ぼくは、ほかのクラスじゃなくて、この５年《ねん》３組《くみ》に転入《てんにゅう》してきてよかったって思《おも》ってるから。そう思《おも》ってることを、みんなにじまんしたい」

おねえちゃんが、にっこり笑《わら》ってうなずいた。

「へぇ〜、ぐだぐだ言《い》いながら、サムはやっぱり、いまのクラスでよかったって思《おも》ってるんじゃん。好《す》きなクラスだから、ちゃんと自分《じぶん》の気持《きも》ちをわかってほしかったんだね。それで、思《おも》ってもいないことを言《い》われたのがくやしくて、とびかかっていったんだ。じゃ、そのことを、正直《しょうじき》に書《か》けば？」

正直《しょうじき》にって言《い》われても、なんだかてれくさいけど……ま、いっか。

「仲間《なかま》たちとは、いろんなことをいっしょにちゃんと考《かんが》えて、うそをつかずにつきあっていきたい。だから、自分《じぶん》の思《おも》ってることとちがうことを言《い》われたとき、くやしくてけんかになりました」

　書《か》いているぼくを、おねえちゃんはじっと見《み》つめている。

「で、このあとサムは、みんなとどうしたいの？」

「組体操《くみたいそう》はナシになっちゃったけど、これから、クラスのことを決《き》めていくときには、みんなで『ぼくらの5年《ねん》3組《くみ》は最高《さいこう》だぞ』ってだれにでもじまんできるように、じっくり話《はな》し合《あ》いたい」

「なんか、ちょっとえらそうだね」と、おねえちゃんは笑《わら》った。ちぇっ！

「ぼくも、これからは勇気《ゆうき》を出《だ》して意見《いけん》を言《い》うから、みんなもよろしくたのみます」

「手紙《てがみ》は、最後《さいご》のしめくくりがだいじだよ」と、おねえちゃん。え、どういうこと？　きょとんとしているぼくに、おねえちゃんは、

「サインをするのよ。それも、『みんなとつながっているんだ』っていう、サムの

サイン」
そこで、最後《さいご》にぼくはこう記《しる》した。
「５年《ねん》３組《くみ》のみんなのひとり　サミュエルより」

書《か》きあがった手紙《てがみ》は、こうだ。

５年《ねん》３組《くみ》のみんなへ　それから、先生《せんせい》へ
今日《きょう》、〇〇くんととっくみあいのけんかをしてから、ずっと悩《なや》んでいます。それに、先生《せんせい》の悲《かな》しそうな顔《かお》も何度《なんど》も浮《う》かんできて、つらくてしかたがありません。
ぼくは、せっかくのクラス対抗《たいこう》だから、『ぼくたちのクラスは、こんな気持《きも》ちでいるんだよ』ということを、観《み》ている人《ひと》たちにじまんできるようなものをつくりたかったんだ。
だって、ぼくは、ほかのクラスじゃなくて、この５年《ねん》３組《くみ》に転入《てんにゅう》してきてよかったって思《おも》ってるから。そう思《おも》ってることを、みんなにじまんしたい。

仲間《なかま》たちとは、いろんなことをいっしょにちゃんと考《かんが》えて、うそをつかずにつきあっていきたい。だから、自分《じぶん》の思《おも》ってることとちがうことを言《い》われたとき、くやしくてけんかになりました。

組体操《くみたいそう》はナシになっちゃったけど、これから、クラスのことを決《き》めていくときには、みんなで「ぼくらの5年《ねん》3組《くみ》は最高《さいこう》だぞ」ってだれにでもじまんできるように、じっくり話《はな》し合《あ》いたい。

ぼくも、これからは勇気《ゆうき》を出《だ》して意見《いけん》を言《い》うから、みんなもよろしくたのみます。

5年《ねん》3組《くみ》のみんなのひとり　サミュエルより

キッチンペーパーに書《か》いた手紙《てがみ》は、くるくるまるめて、ちゃんと大《おお》きな紙封筒《かみぶうとう》に入《い》れて、次《つぎ》の日《ひ》の朝《あさ》、担任《たんにん》の先生《せんせい》の机《つくえ》の上《うえ》に置《お》いておいた。

## 読《よ》んでもらえた！

その日《ひ》の夕方《ゆうがた》の学級会《がっきゅうかい》のとき、先生《せんせい》は、ぼくの手紙《てがみ》をだまって黒板《こくばん》に貼《は》ってくれた。そして、こう言《い》ったんだ。

「5年《ねん》3組《くみ》のみんなとわたしに、5年《ねん》3組《くみ》の仲間《なかま》のひとりから、手紙《てがみ》が届《とど》きました。だいじに読《よ》んで、帰《かえ》ってください」

ひとりずつが、順番《じゅんばん》に黒板《こくばん》の前《まえ》で手紙《てがみ》を読《よ》んでくれた。すっごく恥《は》ずかしかったけど、みんな真剣《しんけん》な顔《かお》をして手紙《てがみ》を最後《さいご》まで読《よ》んでくれていたので、ほっとした。

次《つぎ》の日《ひ》の朝《あさ》、先生《せんせい》の机《つくえ》の上《うえ》に、新《あたら》しい手紙《てがみ》が置《お》いてあった。3通《つう》もだ！

このクラスのだれかとだれかとだれかが、返事《へんじ》を書《か》いてくれたんだ。その手紙《てがみ》もまた、先生《せんせい》が、黒板《こくばん》に貼《は》ってくれた。

そこには、「いままで自分《じぶん》が5年《ねん》3組《くみ》の仲間《なかま》なんだって、ちゃんと考《かんが》えたことがなかったんで、なんだかうれしい」「手紙《てがみ》でちゃんと気持《きも》ちを伝《つた》えてくれてよかった」「こういうの、どきどきするけど、悪《わる》くないと思《おも》った」……って。泣《な》きたくなるのをこらえるのが、たいへんだったよ。

“スカイツリー事件《じけん》”以来《いらい》、ぼくたち5年《ねん》3組《くみ》には、「その場《ば》で言《い》えないことがあっても、あきらめずにみんなに手紙《てがみ》を書《か》く」っていう約束《やくそく》が生《う》まれたんだ。

小学校《しょうがっこう》を卒業《そつぎょう》するときにね、ぼくは、「日本《にほん》では、目立《めだ》たないようにしていたほうがいい」と教《おし》えてくれた友《とも》だちにも、メールじゃなくて、ちゃんと手紙《てがみ》を書《か》いた。

「ぼくにしてくれたアドバイスは、半分《はんぶん》くらいは当《あ》たってると思《おも》う。でも、もしかしてそのアドバイスは、きみの毎日《まいにち》をつらくさせてるんじゃないかい？　まわりの生《い》き方《かた》にいっしょうけんめい合《あ》わせることで損《そん》するよりも、カナダでやってきたみたいに、ぼくらの生《い》き方《かた》で得《とく》する方法《ほうほう》を見《み》つけるために、力《ちから》を注《そそ》ごうよ！　ほら、たとえばこうやって手紙《てがみ》でだったら、ホントの気持《きも》ち、伝《つた》えられるわけだし、さ」

で、友《とも》だちに「力《ちから》を注《そそ》ごう」なんてカッコいいことを言《い》っちゃったために、日曜《にちよう》日《び》に時間《じかん》を見《み》つけて、ぼくとおんなじように悩《なや》んでいる小学生《しょうがくせい》のための「お悩《なや》み相談室《そうだんしつ》」を開《ひら》いちゃったってわけさ。こう見《み》えても、おねえちゃんやお父《とう》さんからヒントをもらったりして、ずいぶん勉強《べんきょう》もしたんだぜ。

さぁ、ぼくの話《はなし》はここまでだ。

## サミュエルくんの実践《じっせん》「お悩《なや》み相談室《そうだんしつ》」

**サミュエル**　じゃぁ、今度《こんど》は佳奈《かな》ちゃんの番《ばん》だね。

　佳奈《かな》ちゃんが「これってヘン！」って思《おも》ったことをちゃんとだいじにしよう。いいかい？　「なんかヘンじゃないの？」ってみんなに伝《つた》えるのは、みんなにけんかを売《う》ることじゃないんだよ。まずそのことを、自分自身《じぶんじしん》によーく言《い》い聞《き》かせるんだ。「これはけんかじゃない。これはけんかじゃない。これはけんかじゃない」ってね。

　それから、「このまんまじゃ、おかしいと思《おも》う」っていうのは、「わたしにはちがう考《かんが》えがあるの。その考《かんが》えを聞《き》いてくれないかな」っていう意味《いみ》なんだ。ちがうってことは、自分《じぶん》の考《かんが》えと同《おな》じように、きみは、みんなの考《かんが》えもいっしょうけんめい聞《き》いていたってことさ。そして、みんなの考《かんが》えをちゃんと聞《き》いたからこそ、ちがう意見《いけん》を出《だ》すことができたんだよ。そのことに自信《じしん》をもって！　きみは、ひとりぼっちの場所《ばしょ》に立《た》とうとしているわけじゃないってこと。いいね？

**▼サミュエルの法則《ほうそく》1　これはけんかじゃない**　覚《おぼ》えておいてね。

**サミュエル**　では次《つぎ》に、佳奈《かな》ちゃんが、なにがいちばんヘンだと思《おも》っているのかを、整理《せいり》してみよう。

**佳奈《かな》**　う〜ん。

**サミュエル**　いきなりじゃ、ちょっとむずかしいかな。じゃぁ、選択問題《せんたくもんだい》にしよう。次《つぎ》の中《なか》から選《えら》んでみて。

・あやかちゃんに、みんなでなにかをしようとしていること
・あやかちゃんに手紙《てがみ》を書《か》くってこと
・なにをするかを、多数決《たすうけつ》で決《き》めたこと

つまり、「みんなで」がヘンなのか、「手紙《てがみ》」がヘンなのか、「多数決《たすうけつ》」がヘンなのか……。

**佳奈《かな》**　3つとも、ヘンな気《き》がします。

**サミュエル**　たしかにそうだね。佳奈《かな》ちゃんが「どれがヘンなのかを考《かんが》えてみたけれども、3つともヘンな気《き》がする」って答《こた》えに行《い》きついたことを、ちゃんと覚《おぼ》えておいてね。

**▼サミュエルの法則《ほうそく》2　なにがヘンなのかを、頭《あたま》の中《なか》で整理《せいり》する**

**サミュエル**　じゃぁ、次《つぎ》の質問《しつもん》。佳奈《かな》ちゃんは、この手紙《てがみ》を書《か》くことで、どうなってほしいのかな？　これは、はっきりしてるよね。

**佳奈《かな》**　あやかに、まえのようにクラスにもどってきてほしい。

**サミュエル**　そうだね。この願《ねが》いがかなうことが、いちばんだいじなんだね。そして、この願《ねが》いをかなえるには、いまのようなクラスの雰囲気《ふんいき》でただ手紙《てがみ》を出《だ》したり多数決《たすうけつ》でなにをすればいいかを決《き》めたりするんじゃだめだと、佳奈《かな》ちゃんは感《かん》じてるわけなんだよね。

**▼サミュエルの法則《ほうそく》3　手紙《てがみ》を書《か》くことで、いったいどうなってほしいのかを頭《あたま》に思《おも》い浮《う》かべる**

**サミュエル**　それじゃ、質問《しつもん》を続《つづ》けるよ。佳奈《かな》ちゃんは、いままでに出《で》たみんなの意見《いけん》とはちがう、あやかちゃんが元気《げんき》にクラスにもどってくるためのいい方法《ほうほう》を、思《おも》いついてますか？

　残念《ざんねん》ながら思《おも》いついていないんだよね。思《おも》いつかないから、黙《だま》ってるよりしかたないって……最初《さいしょ》のお悩《なや》みにもどっちゃうんだね。

**佳奈《かな》**　思《おも》いつかないけど、でも、あたしがもしあやかだったら……。

**サミュエル**　あやかちゃんだったら？

**佳奈《かな》**　方法《ほうほう》が見《み》つからなくても、あたしのこと考《かんが》えるのをやめないでほしい。そして、みんなとおんなじクラスの仲間《なかま》だって、思《おも》っててほしい。それだけでいい。

**サミュエル**　じゃぁ、そのことをそのまま、みんなに伝《つた》えればいいんじゃないかな。クラスの中《なか》では、きみがいちばんあやかちゃんの近《ちか》くにいたんだ。そのきみが、「もしあやかちゃんだったら、こうしてほしい」と思《おも》うことをすなおに伝《つた》えればいいのさ。それで、みんなが「～をしてあげたから、はいおしまい」にしないで、ずっとあやかちゃんのことを思《おも》い続《つづ》けてくれたら、それだけで、きみが勇気《ゆうき》を出《だ》して

手紙《てがみ》を書《か》く意味《いみ》はじゅうぶんにあるんじゃないかな?

### ▼サミュエルの法則《ほうそく》4 「もし、～だったら?」と、いつもとちがう見方《みかた》をしてみる

**佳奈《かな》** そっか、こうやって順番《じゅんばん》に考《かんが》えていくことで、わたしがモヤモヤしていたいちばんの理由《りゆう》は、「あやかのために、なにをすればいいか」をさっさと決《き》めて、それで「自分《じぶん》たちがあやかにしてしまったことについて考《かんが》えるのは、もうおしまいにしちゃおう」っていうクラスの雰囲気《ふんいき》だったんだってわかったわ。ほんとうに自《じ》分《ぶん》が言《い》いたいこと、だいじにしたいと思《おも》っていること、みんなと考《かんが》えたいことがなんなのか、ごちゃごちゃにしないで、ひとつずつ落《お》ちついて整理《せいり》しなきゃだめなのね。ただ「おかしい」ってぼんやり感《かん》じてるときには、自分《じぶん》でも自分《じぶん》の気持《きも》ちがよく見《み》えていないものなのね。

**サミュエル** そのとおり! だから、その場《ば》ですぐに、「ちょっと待《ま》って! なんかヘンだよ!」って手《て》をあげて発言《はつげん》するのもいいけれど、自分《じぶん》の気持《きも》ちの中身《なかみ》がは

つきりしないときには、あとでゆっくり整理《せいり》して手紙《てがみ》にするのも、ひとつの方法《ほうほう》なんだよ。

さぁ、サミュエルの〝4つの法則《ほうそく》〟を理解《りかい》したところで……。

**佳奈《かな》**　実際《じっさい》に手紙《てがみ》を書《か》いてみるわけね!!

**サミュエル**　いやいや。手紙《てがみ》を書《か》くまえに、まだまだやってもらうことがあるよ。

それじゃあ、いよいよ、文章《ぶんしょう》レッスンだ。

# さあ、文章《ぶんしょう》レッスンをはじめよう

## レッスン1

**なんかヘンだと感《かん》じたら、まずいまの自分《じぶん》にふさわしい行動《こうどう》は、ふたつのコースのうち、どっちなのかを見《み》きわめよう**

**サミュエル**　まずは、クラスのみんなが決《き》めたことや、先生《せんせい》のお話《はなし》や、それから、家《いえ》やデパートなんかで、「あれ、これってなんかヘンじゃないかな?」って思《おも》ったときにどんな行動《こうどう》に出《で》ればばいいのか、すばやく決《き》めるためのレッスンです。

「あれ、なんかヘン!」って思《おも》ったときに選《えら》ぶコースはふたつあることを知《し》っておこう。では、ふたつのコース（A《エー》コースとB《ビー》コース）を説明《せつめい》するね。

**A《エー》コース**　その場《ば》で口《くち》に出《だ》して、「ちょっと待《ま》って」と自分《じぶん》の気《き》持《も》ちをハッキリ

言《い》う

**B**《ビー》**コース**　そのときは「そうかなぁ〜」くらいな感《かん》じでつぶやいておいて、あとからちゃんと自《じ》分《ぶん》の気《き》持《も》ちを手《て》紙《がみ》で書《か》いて伝《つた》える

さて、それではまず、練《れん》習《しゅう》問《もん》題《だい》をやってみよう。次《つぎ》のような場《ば》合《あい》は、A《エー》コース？　B《ビー》コース？　どっちを選《えら》ぶ？

**練習問題**《れんしゅうもんだい》　ケーキ屋《や》さんで、チーズケーキとチョコレートケーキを1個《こ》ずつたのんだのに、家《いえ》にもどって箱《はこ》を開《あ》けたらチーズケーキしか入《はい》っていなかった。でも、お店《みせ》のお兄《にい》さんはむっちゃハンサムだったし、クレイマーって思《おも》われたくない。でもやっぱり、チーズケーキとチョコレートケーキの両方《りょうほう》食《た》べたい。

**佳奈**《かな》　えーっと、この場《ば》合《あい》A《エー》コースっていうのは、電《でん》話《わ》で「チョコレートケーキ、入《はい》ってませんでした」って言《い》うか、お店《みせ》に箱《はこ》ごと返《かえ》しにいくってことですよね。で

も、電話《でんわ》じゃ証拠《しょうこ》は見《み》せられないし、もう一度《いちど》お店《みせ》までいくのもめんどうだし。それに、ハンサムなお兄《にい》さんの顔《かお》を見《み》たら、なんにも言《い》えなくなっちゃうかも。でもでも、手紙《てがみ》で抗議《こうぎ》するのも、大《おお》げさな気《き》がするなぁ。あー、どうしよう。こういうこと、よくあるんだよね。

**サミュエル**　はい、迷《まよ》ったときは「サミュエルの法則《ほうそく》3」を思《おも》い出《だ》してください。この場合《ばあい》、「ちがう!」と抗議《こうぎ》することで、いったいどんなふうになることを望《のぞ》むのでしょうか?　①たのんだとおりに、チョコレートケーキも食《た》べたい。②まちがったケーキが入《はい》ってたことについて、お兄《にい》さんに「ごめんなさい」とあやまってほしい。③チョコレートケーキが入《はい》ってなかったのをぐっとがまんしたわたしのことを、「やさしい子《こ》だな」と、ハンサムなお兄《にい》さんに気《き》づいてもらいたい。

望《のぞ》むのが①と②だったら、どちらもきっぱり、きみの声《こえ》ではっきり伝《つた》えたほうがいいね。そうでなければ、食《た》べたいチョコレートケーキを食《た》べることができないし、いまじゃなけりゃ、お店《みせ》の人《ひと》も申《もう》しわけなかったっていう気持《きも》ちがうすれちゃうし、佳奈《かな》ちゃんだって、時間《じかん》がたってしまったら、なにをあやまられているのか、ぼん

Patisserie T agawa

A
B

やりしてしまうからね。つまり、とるべき行動《こうどう》は、〝A《エー》コース〟です。
けれど、もしも③が望《のぞ》みなら、「あぁ、お店《みせ》が忙《いそが》しかったのね」と考《かんが》えて、黙《だま》って文句《もんく》を言《い》わずにチーズケーキをふたつ食《た》べるしかないよね。ただし、この場合《ばあい》、お兄《にい》さんにきみのやさしい気持《きも》ちが伝《つた》わるかどうかは、ナゾです。

＊　＊　＊

それじゃぁいよいよ問題《もんだい》だ。よく考《かんが》えて、A《エー》とB《ビー》どちらのコースを選《えら》べばいいか、判断《はんだん》してください。

**問題《もんだい》1**　「H《エイチ》子《こ》のことが気《き》にくわないから、牛乳《ぎゅうにゅう》にチョークの粉《こな》を入《い》れちゃおうよ」と、クラスの人気者《にんきもの》の女子《じょし》M《エム》子《こ》にささやかれた。いやだって言《い》ったら、あとでなにをされるかわからない。

**佳奈《かな》**　あー、こういうこともまえにあったなぁ。あのときはチョークじゃなくて、

「消《け》しゴムのカスを、給食《きゅうしょく》のおかずに入《い》れよう」って。あのときはあたし、「やめようよ」って言《い》えずに、どうしていいかわからなくて、すうっと教室《きょうしつ》の外《そと》へ出《で》ちゃった。正解《せいかい》はA《エー》コースだと思《おも》うけど、でも……。

**サミュエル**　ここでは、〝時間《じかん》〟がキーワードです。すぐに行動《こうどう》を起《お》こさなきゃ、H《エイチ》子《こ》はチョークの入《はい》った牛乳《ぎゅうにゅう》を飲《の》んでしまいます。なにがどうあれ、こういうときは佳奈《かな》ちゃんが言《い》ったとおり、A《エー》コース。ただし、M《エム》子《こ》に「やめようよ」と言《い》うときの言《い》い方《かた》には、ひと工夫《くふう》が必要《ひつよう》です。たとえば、「あたし、もしM《エム》子《こ》がチョークの入《はい》った牛乳《ぎゅうにゅう》を飲《の》むなんてことが起《お》こったらぜったいいやだし、耐《た》えられないから、H《エイチ》子《こ》に飲《の》ませるのもやめよう！」と早口《はやくち》に言《い》って、すかさずM《エム》子《こ》の行動《こうどう》を止《と》めましょう。M《エム》子《こ》には思《おも》いがけず「あなたがだいじ」というラブコールが耳《みみ》にとびこんできたわけで、「え、どういうこと？」と考《かんが》えているうちに、「ノー」を伝《つた》えることができます。

**問題《もんだい》2**　食事中《しょくじちゅう》に親《おや》が、「将来《しょうらい》のことを考《かんが》えて、友《とも》だちはよく選《えら》んだほうがいいい」などと、自分《じぶん》のだいじな友《とも》だちのことを否定《ひてい》するようなことを言《い》った。抗議《こうぎ》したら「だいたい、おまえは……」と別《べつ》なことまで文句《もんく》を言《い》われかねないし、ややこしいことになりそう。

**佳奈《かな》**　これはやっぱり、A《エー》よね。自分《じぶん》のことより友《とも》だちのことを悪《わる》く言《い》われると、ムカッとくるもん。食事《しょくじ》はイヤーな雰囲気《ふんいき》になるだろうけど、しかたない。勇気《ゆうき》を出《だ》して「それはおかしい」と言《い》わなきゃね。

**サミュエル**　佳奈《かな》ちゃんの、友《とも》だちをだいじにする気持《きも》ちはよくわかるけど、それならなおさら、B《ビー》コースを選《えら》んでほしいな。なぜなら、ごはんを食《た》べながら抗議《こうぎ》しても、ごはんがおいしくなくなるだけだし、親《おや》だって、ごはんを食《た》べながら佳奈《かな》ちゃんの意見《いけん》を聞《き》いても、半分《はんぶん》も頭《あたま》に入《はい》ってこないからだ。ゆっくり落《お》ちついて、きみがどんなに友《とも》だちのことを大切《たいせつ》に思《おも》っているかを手紙《てがみ》に書《か》いて、伝《つた》えよう。親《おや》に抗議《こうぎ》するときは、手紙《てがみ》の効果《こうか》はばつぐんです。だって、日《ひ》ごろは親《おや》に手紙《てがみ》なんて書《か》かないだろう？　だから、「ほう、あの子《こ》があらたまって手紙《てがみ》を書《か》いてよこすなん

て、いったいどうしたんだ？　これはきっと、よっぽどのことだぞ」と、親《おや》は最初《さいしょ》から真剣《しんけん》な気持《きも》ちで向《む》き合《あ》ってくれるはず。それに、少《すこ》しめんどうでも手紙《てがみ》にすることで、佳奈《かな》ちゃん自身《じしん》が、友《とも》だちと自分《じぶん》との友情《ゆうじょう》についてきちんと考《かんが》える、いいチャンスにもなるからね。

**問題《もんだい》3**　先生《せんせい》が朝《あさ》の会《かい》で、「クラブ活動《かつどう》や体育《たいいく》をいっしょうけんめいやらない人《にん》間《げん》は、けっきょく、勉強《べんきょう》だって中途半端《ちゅうとはんぱ》にしかできない」と、あきらかにクラスのだれかを皮肉《ひにく》ったみたいな言《い》い方《かた》をした。

**佳奈《かな》**　やだな〜。この問題《もんだい》も、あたし似《に》たようなこと、あったもの。これはB《ビー》コースかな？　だって、その場《ば》で「おかしい！」って抗議《こうぎ》したら、先生《せんせい》に皮肉《ひにく》られたクラスのだれかが、かえって恥《は》ずかしい思《おも》いをするから。

**サミュエル**　そうだね。みんなのために正《ただ》しいと思《おも》って反対《はんたい》したつもりが、特定《とくてい》のだれかを傷《きず》つけてしまうこともあるから、むずかしいね。でも、先生《せんせい》が二度《にど》とそん

な発言《はつげん》をしないように、こんな言《い》い方《かた》ヘンだってことを、しっかり伝《つた》えなきゃだめだよね。

この答《こた》えは、先生《せんせい》のタイプによってちがってくると思《おも》うんだ。

あんまり深《ふか》く考《かんが》えずに、つい生徒《せいと》が傷《きず》つくようなことばを口《くち》にしてしまうような先生《せんせい》の場合《ばあい》は、「え〜、先生《せんせい》、いまのことば、なんだかちょっといや〜な気持《きも》ちになりました。もうすこしきちんと説明《せつめい》してください」と、その場《ば》であっさり抗議《こうぎ》したほうがいいと思《おも》うよ。先生《せんせい》も、ハッと、自分《じぶん》が皮肉《ひにく》めいた言《い》い方《かた》をしたことに気《き》づいてくれる可能性《かのうせい》があるからね。この場合《ばあい》、Ａ《エー》コースが正解《せいかい》。

でも、その場《ば》で生徒《せいと》に自分《じぶん》のまちがいを指摘《してき》されるとプライドを傷《きず》つけられたと感《かん》じてしまいそうな、ちょっと神経質《しんけいしつ》タイプの先生《せんせい》なら、Ａ《エー》コースはやめたほうがいい。Ｂ《ビー》コースがおすすめ。その場合《ばあい》は、先生《せんせい》が皮肉《ひにく》を言《い》ったことを責《せ》めても、たぶんムダです。それよりも、手紙《てがみ》でじっくり、きみがクラブ活動《かつどう》と勉強《べんきょう》の関係《かんけい》についてどう考《かんが》えているのか、先生《せんせい》の考《かんが》え方《かた》とどこが同《おな》じでどこがちがうのかを、ちゃんと整理《せいり》し、ことばで書《か》いたほうがいいね。そして手紙《てがみ》の最後《さいご》に、「先生《せんせい》にはわ

たしの気《き》持《も》ちを正直《しょうじき》に伝《つた》えてみようと思《おも》いました」と書《か》いてみる。

「伝《つた》えてみよう」ということばの中《なか》には、「先生《せんせい》を信《しん》じてみる」という、前《まえ》向《む》きな〝心《こころ》の賭《か》け〟がふくまれています。おとなだったら、そして先生《せんせい》だったら、だいじな生徒《せいと》が自分《じぶん》に賭《か》けてくれていると気《き》づいたら、その生徒《せいと》のことばをいっしょうけんめいに理解《りかい》しようとするに決《き》まっているからね。

**問題《もんだい》4**　学校《がっこう》の帰《かえ》り道《みち》、親友《しんゆう》のK子《ケーこ》が、「あたし、なにをやってもだめだし、U《ユー》くんにもきらわれてるみたいだし……もう死《し》にたい」とつぶやき、「中《ちゅう》途半端《とはんぱ》なぐさめはやめてよね。あたし、本気《ほんき》で言《い》ってるんだから」と念《ねん》を押《お》された。

**佳奈《かな》**　そりゃ、やっぱりA《エー》でしょう。わたしは、「そんなことないよ。なにをやってもだめだなんてこと、ぜったいないよ」って、いっしょうけんめいはげますわ。

**サミュエル**　う〜ん。佳奈《かな》ちゃんの気《き》持《も》ちもわかるけど、こういうときは、「そん

なことないよ。なにをやってもだめだなんてこと、ぜったいないよ」といっしょうけんめい言《い》っても、あまり効果《こうか》がないと思《おも》うよ。かといって、本気《ほんき》のなぐさめのことばを書《か》いたり、「死《し》んではだめです」と正《ただ》しいことを手紙《てがみ》で書《か》いても、たぶんまだU《ユー》くんのことで頭《あたま》がいっぱいのK子《ケーこ》には、佳奈《かな》ちゃんのことばは届《とど》かないでしょう。つまり、A《エー》コースもB《ビー》コースも不正解《ふせいかい》。こんな場合《ばあい》は、「もう死《し》にたい」と感《かん》じているK子《ケーこ》のそばにいてあげて、しっかり話《はなし》を聞《き》いてあげるほかに、できることはないかもしれない。

＊　＊　＊

**サミュエル**　どうだい？　どんなときにB《ビー》コース――つまり「ヘンだよ！」とか「わたしはそうは思《おも》わない」――の手紙《てがみ》を書《か》けばいいか、わかってきたかい？

　A《エー》コース、B《ビー》コースを選《えら》ぶことがちゃんとできるようになったら、これから先《さき》、「あれれ、なんかヘンだぞ」って思《おも》ったときに、すぐに「ちょっと待《ま》って！」って言《い》ったほうがいいかな、それとも手紙《てがみ》書《か》こうかな、それともそれともどっちもよそうかな……って迷《まよ》わずにすむよね。

**佳奈《かな》**　サミュエルさん、あのね、すぐに「ちょっと待《ま》って」って言《い》えばいいA《エー》コースなのか、あとでじっくり手紙《てがみ》を書《か》けばいいB《ビー》コースなのかの区別《くべつ》の仕方《しかた》はだいたいわかったけど、B《ビー》コースをメールで伝《つた》えるんじゃだめかな？　メールだったら、一斉送信《いっせいそうしん》だってできるじゃないですか。いちいち切手《きって》を貼《は》ってポストに入《い》れて……なんて、めんどうだし。

**サミュエル**　うん、手紙《てがみ》はたしかにめんどうだ。メールにくらべてスピード感《かん》もないよね。きみがそれを伝《つた》えようとしてことばを書《か》きつけたときと、相手《あいて》がそれを読《よ》むときのあいだに、へだたりがある。

「せっかく苦労《くろう》して書《か》いたんだから、いますぐ読《よ》んでもらいたい」って思《おも》うのは、よくわかる。でもね、だからこそ手紙《てがみ》がいいってこともある。メールのことばは、「つぶやき」に近《ちか》い。すぐ読《よ》んでもらえるし、相手《あいて》のリアクションもすぐにかえってくるから、もし誤解《ごかい》があっても、「え、どういうこと？」とか、「マジ？」って聞《き》きかえせるし、「だからさぁ」「いやいやそうじゃなくてさ」と、かる〜く訂正《ていせい》もで

きる。訂正《ていせい》できるから、届《とど》けることばに覚悟《かくご》がいらない。受《う》けとるほうも同《おな》じ。だけど、覚悟《かくご》のないことばは、意外《いがい》に弱《よわ》いんだ。

　それにね、自分《じぶん》が書《か》いた手紙《てがみ》を相手《あいて》が読《よ》んでくれるまでのあいだ、じっと待《ま》つということ――これも、だいじなんだ。「どうだったかな、ちゃんと気持《きも》ちが伝《つた》わったかな？」と、どきどきしながら何度《なんど》も書《か》いたことばを思《おも》い出《だ》してみて、「うん、せいいっぱいの気持《きも》ちで書《か》いたんだから、これでいいんだ」と自分《じぶん》に言《い》い聞《き》かせる経験《けいけん》。これは、きみをすっごく成長《せいちょう》させてくれる。メールじゃ、そんな孤独《こどく》に耐《た》える力《ちから》はなかなか育《そだ》たないからね。

**佳奈《かな》**　へぇ～、便利《べんり》じゃないほうがいいってこともあるんですね。そうか、「不便《ふべん》だけれど、がんばって書《か》いた」っていう〝あえて感《かん》〟がいいんですね。

**サミュエル**　〝あえて感《かん》〟かぁ。うまいこと言《い》うなぁ～。そういえば、愛《あい》を伝《つた》えるなぁんていうスペシャルイベントにも、この〝あえて感《かん》〟はキーワードだね。

**佳奈《かな》**　ふふっ。こんど、そういう相談室《そうだんしつ》も開《ひら》いてほしいな。

**サミュエル**　はいはい、考《かんが》えておきます。では、次《つぎ》のレッスンにいっていいかな？

## レッスン2　自分《じぶん》の〝伝《つた》えたいこと別《べつ》〟に、整理《せいり》をしよう

**サミュエル**　〝ヘンだ〟を伝《つた》える抗議《こうぎ》の手紙《てがみ》を書《か》いている途中《とちゅう》で「それで、自分《じぶん》はどうしたいんだっけ……？」とわからなくなってしまうこともよくある。「いったいどうなってほしいのかを頭《あたま》に思《おも》い浮《う》かべる」というのがサミュエルの法則《ほうそく》3だってことは、覚《おぼ》えてるよね。じゃあ、その「いったいどうなってほしいのか」を3つのゴールに区別《くべつ》してみよう。

**めざすゴールその①**　自分《じぶん》が意見《いけん》を述《の》べることで、なにかをやめてほしい**↓ストップ型《がた》**

**めざすゴールその②**　わたしの考《かんが》えていることにも耳《みみ》を傾《かたむ》けてほしい**↓よく聞《き》いて型《がた》**

**めざすゴールその③**　「わたしはそう思《おも》わない」ということをはっきり言《い》って

おきたい↓**ちゃんと言《い》わせて型《がた》**

めざすゴール①〜③を、それぞれ「ストップ型《がた》」「よく聞《き》いて型《がた》」「ちゃんと言《い》わせて型《がた》」と呼《よ》ぶことにします。

じゃあ次《つぎ》に、3つの型別《かたべつ》に、具体的《ぐたいてき》なテクニックを学《まな》んでいこう。

## 「ストップ型《がた》」の場合《ばあい》

**サミュエル**　「ストップ型《がた》」の場合《ばあい》、最終《さいしゅう》ゴールは〝相手《あいて》の行動《こうどう》や考《かんが》えを変《か》えてもらう〟ことにあるんだから、相手《あいて》に「あ、そうか！」と気《き》づいてもらわなくちゃならない。つまり、相手《あいて》にハッとしてもらうように書《か》くこと。これがテクニックなんだ。

ハッとしてもらうためには、「もしも、〜なんてことになったら、困《こま》るでしょ？」と、相手《あいて》が考《かんが》えてもいなかったことを教《おし》えてあげなければならないのだけど、教《おし》えるときこそ謙虚《けんきょ》に！　えらそうに書《か》くと、それだけで、相手《あいて》が「ちぇっ！」と思《おも》って、すなおに考《かんが》えを変《か》えてもらえない可能性《かのうせい》がある。だからたとえば、「もしこのままだと……なんてことになるんじゃないかと、どきどきしてしまいます。それで、思《おも》い切《き》って○○さんに相談《そうだん》の手紙《てがみ》を書《か》くことにしたのです」というふうに、「あなたといっしょに考《かんが》えたい。あなたを信《しん》じて相談《そうだん》しているんだよ」と自分《じぶん》だけでつっ走《ぱし》ろうとしているわけじゃないことを、わかってもらえるように工夫《くふう》しよう。

　そして次《つぎ》に、「このままじゃ、やばいな。やめたほうがいいな」と、相手《あいて》が自《みずか》ら考《かんが》えるように、うまく話《はなし》をすすめていくこと。あなたが無理《むり》やりやめさせるのでなく、相手《あいて》が自分《じぶん》で「これはやめよう」と考《かんが》えずにはいられないようにする――これが、もうひとつのテクニックだ。

「あなたに言《い》われてやめたのではなく、自分《じぶん》で考《かんが》えてやめることにしたんだ」と相《あい》手《て》に思《おも》ってもらえれば、きみと相手《あいて》との関係《かんけい》は悪《わる》くなりません。「やめさせられた」と相手《あいて》が感《かん》じないようにすること。そのためには、自分《じぶん》の考《かんが》えをはっきり、きっぱり書《か》いたうえで、「勝手《かって》に、いま自分《じぶん》が考《かんが》えていることだけを書《か》いたけれど、○○さんはどう思《おも》う？　どうしても、○○さんの考《かんが》えをもう一度《いちど》聞《き》きたい。このままやめずにいることがほんとうにいいことなのか、どうなのか、○○さんのいまの考《かんが》えを

教《おし》えて！」と、相手《あいて》に問《と》いかけるような文章《ぶんしょう》に続《つづ》けていくのがコツです。

**佳奈《かな》**　なるほど。ハッとしてもらって、「このまんまじゃまずいから、やっぱりやめよう」となればいいわけね。今回《こんかい》の場合《ばあい》なら、こんな感《かん》じで書《か》けばいいのかしら。

「わたし、今日《きょう》の5時間目《じかんめ》が終《お》わったあとの話《はな》し合《あ》いで、言《い》おうかどうしようかすごく迷《まよ》ってたんだけど、思《おも》いきって言《い》います。みんなが、あやかのためにいろいろ考《かんが》えたのはよくわかる。でも、それって、みんなにとっていい方法《ほうほう》でも、あやかにとっては、あんまりうれしくないかも。からかわれたと思《おも》ってるみんなから、いきなり手紙《てがみ》をもらっても、『ホントはみんなどう思《おも》ってるんだろう。これって、むりやり書《か》かされたんじゃないか？』って、かえって悩《なや》んじゃうかもしれません」

**サミュエル**　ずいぶんはっきり書《か》いたね。佳奈《かな》ちゃんの書《か》いてることは、正《ただ》しい。でも、身《み》がまえることなく相手《あいて》に手紙《てがみ》を読《よ》みすすめてもらうためには、書《か》き出《だ》しの部分《ぶぶん》がちょっとまずいかもね。

では、書《か》き出《だ》しの〝効果的《こうかてき》なひとこと〟をこっそり教《おし》えよう。

**☆「あのあと、ずっと考《かんが》えてたんだけど……」**

どんなことでも、決《き》まったあとになって、「思《おも》いきって言《い》うけど」とか「じつは」って言《い》われたら、「こいつ、あのときは心《こころ》にもないことを言《い》って、調《ちょう》子《し》を合《あ》わせてたんだな。うそつき」ってことにもなりかねない。だから、「あのあと、ずっと考《かんが》えてたんだけど……」と、「自《じ》分《ぶん》なりにこの問《もん》題《だい》について悩《なや》み続《つづ》けていたんだ」ということをまず伝《つた》えたほうが、すなおに読《よ》んでもらえるよ。

それから、手《て》紙《がみ》の途《と》中《ちゅう》にこんなひとことを入《い》れてみるのもいいよ。

**☆「もちろん、あなたの考《かんが》えも、すごくわかるよ」「あなたがいっしょうけんめい伝《つた》えてくれたことが、とってもうれしかった。だからこそ、わたしもちゃんと考《かんが》えてみたんだ」**

これはどちらも、「相《あい》手《て》の言《い》い分《ぶん》もわかるよ」っていう意《い》味《み》だよね。せっかく決《き》まったことを全《ぜん》部《ぶ》だめだと言《い》ってしまっちゃ、相《あい》手《て》だって腹《はら》がたつだろう？

そして、最後《さいご》に伝《つた》えよう、だいじなことば。これを書《か》くのと書《か》かないのとでは、大《おお》ちがいだよ。

**☆「あなただから、やめてほしいって、思《おも》いきって伝《つた》えることにしたの。最後《さいご》までちゃんと読《よ》んでくれて、ありがとう」**

これは、解説《かいせつ》しなくってもわかるよね？「これからも仲《なか》よくしよう」という、握手《あくしゅ》のことばです。文章《ぶんしょう》の最後《さいご》に〝ことばの握手《あくしゅ》〟をすること、忘《わす》れないでね。

## 「よく聞《き》いて型《がた》」の場合《ばあい》

**サミュエル**　この場合《ばあい》、「そうか、あなたはそんなふうに考《かんが》えていたんだね」と、気持《きも》ちを受《う》けとめてもらうこと、内容《ないよう》以上《いじょう》にあなた自身《じしん》のことをわかってもらうことが、最終《さいしゅう》ゴールだ。だから、きみが「この手紙《てがみ》を書《か》くのにずいぶん勇気《ゆうき》が必《ひつ》要《よう》だった。でも、自分《じぶん》の気持《きも》ちをどうしても○○さんにわかってもらいたいと思《おも》ったから、決心《けっしん》して書《か》いた」んだっていう、手紙《てがみ》を書《か》くまでにきみが費《つい》やした時間《じかん》をわかってもらうように書《か》くのが、だいじなテクニックだね。「そうか、あなたは自《じ》分《ぶん》の知《し》らないところで苦《くる》しんでいたんだな。それに気《き》づかずに悪《わる》かったな……」と相手《あいて》に思《おも》わせれば、自然《しぜん》に相手《あいて》はきみのことばに耳《みみ》を傾《かたむ》けるようになるよ。

　それともうひとつ、忘《わす》れないでほしいことがある。聞《き》いてもらいたいことが心《こころ》にたまっているから、つい思《おも》いのままに、息《いき》もつかずにいっぱいいっぱいことばを書《か》き連《つら》ねてしまいがちになっちゃう。聞《き》いてもらいたい相手《あいて》が親《おや》の場合《ばあい》なら、それも悪《わる》くない。「こんなに夢中《むちゅう》になって必死《ひっし》で書《か》くなんて、よっぽどつらかったんだろうな」と、その一方的《いっぽうてき》な書《か》きぶりにかえって心《こころ》を打《う》たれることもあるからです。でもね、たいていの場合《ばあい》、「聞《き》いて、聞《き》いて、聞《き》いて……」と一方的《いっぽうてき》に思《おも》いを書《か》かれてしまうと、なんだかそれだけで、「わがままな手紙《てがみ》だな」とうんざりされちゃう。だから、だーっといっきに書《か》いてしまいすぎないように、「ねえ、ちゃんと聞《き》いてもらえてるかな?」と、途中《とちゅう》で相手《あいて》がついてきてくれているかどうか、うしろをふりかえりながら書《か》きすすめていこう。

**佳奈《かな》**　そうか、「ストップ型《がた》」よりも「よく聞《き》いて型《がた》」のほうが、書《か》いている側《がわ》が

苦《くる》しんでいることをしっかり伝《つた》える必要《ひつよう》があるんですね。それじゃあ……「みんな、どうかわたしのいまの苦《くる》しい気持《きも》ちを聞《き》いてください。今日《きょう》の5時間目《じかんめ》のあとの話《はな》し合《あ》い、いろんな意見《いけん》を聞《き》きながら、自分《じぶん》の意見《いけん》がちゃんと言《い》えなくて、つらくてつらくてしょうがなかったんです」みたいな感《かん》じで書《か》き出《だ》せばいいのかな？

**サミュエル**　そうだねぇ。たしかに、佳奈《かな》ちゃんが苦《くる》しんでいることは伝《つた》わると思《おも》うけど、いきなり、「苦《くる》しい」「つらい」と連発《れんぱつ》しても、相手《あいて》はちょっと引《ひ》いてしまうかも。もう少《すこ》しゆっくりときみのほうをふり向《む》いてもらえるように書《か》きはじめてみたらどうかな。たとえば、こんなふうに書《か》き出《だ》してみるのも効果的《こうかてき》だよ。

☆**「いきなりって思《おも》うかもしれませんが、ずっと考《かんが》えて、決心《けっしん》してこの手紙《てがみ》を書《か》いています。この手紙《てがみ》を読《よ》んでくれている○○さんのことを心《こころ》に浮《う》かべながら、正直《しょうじき》にわたしの気持《きも》ちを書《か》きますね」**

こんなふうに書《か》き出《だ》すと、相手《あいて》も、「なになに？」「どれどれ？」と、落《お》ちついた気持《きも》ちで読《よ》みはじめられるし、佳奈《かな》ちゃんだって、深呼吸《しんこきゅう》したような気持《きも》ちで書《か》きはじめられるだろう?

次《つぎ》に、書《か》きすすめていく途中《とちゅう》で忘《わす》れずに入《い》れてみると、相手《あいて》だけじゃなく書《か》いている自分自身《じぶんじしん》も納得《なっとく》できるひとことを教《おし》えよう。覚《おぼ》えておくと便利《べんり》だよ。

**☆「こうやって、自分《じぶん》の気持《きも》ちを書《か》いていると、少《すこ》し不安《ふあん》な気持《きも》ちもしてきます。あなたの顔《かお》が見《み》えないから、どんなふうに読《よ》んでくれてるのかなって。でも、あなたを信《しん》じて最後《さいご》まで書《か》きますね」**

どうだい? こんなセリフを途中《とちゅう》に入《い》れると、読《よ》んでいる相手《あいて》も「だいじょうぶ、ちゃんと聞《き》いてるよ」と、やさしい気持《きも》ちで読《よ》みすすめられるし、なんだか知《し》らないうちに、きみを応援《おうえん》するような気持《きも》ちにもなるんじゃないかな。

そして、だいじなことばを最後《さいご》にちゃんと伝《つた》えよう。

☆「あなたに、いまのわたしのありのままの気持《きも》ちを伝《つた》えました。わたしの気持《きも》ちを受《う》けとめてくれて、最後《さいご》まで読《よ》んでくれて、ありがとう」

これは、「ストップ型《がた》」でも言《い》ったように、おしまいの〝ことばの握手《あくしゅ》〟だね。「思《おも》いきって書《か》いてよかった」「最後《さいご》まで読《よ》んでよかった」と、お互《たが》いがやさしい気持《きも》ちで握手《あくしゅ》しあえるように、ことばはていねいに使《つか》うのがコツ。

## 「ちゃんと言《い》わせて型《がた》」の場合《ばあい》

**サミュエル**　それでは、三番目《さんばんめ》の「ちゃんと言《い》わせて型《がた》」の場合《ばあい》です。ここでは、相手《あいて》の行動《こうどう》を変《か》えてもらうことや、相手《あいて》にきみのことを深《ふか》く受《う》けとめてもらうことよりも、「わたしの意見《いけん》は、あなたと同《おな》じじゃない」ということを、ちゃんと言《い》っておきたい――どっちが正《ただ》しいのか、どうすればいいのか、答《こた》えはまだ見《み》つからないけれど、あきらめないで話《はな》し合《あ》っていこうと伝《つた》えるのがゴールだよね。だから、自分《じぶん》の考《かんが》えはきっぱりさっぱり言《い》ってしまうことがだいじです。それから、自分《じぶん》が自分《じぶん》の考《かんが》えをあきらかにしたからといって、相手《あいて》にまで同《おな》じように考《かんが》えてほしいとは思《おも》っていないこと、相手《あいて》には相手《あいて》の考《かんが》えがあるのと同《おな》じように、自分《じぶん》にも自分《じぶん》なりの考《かんが》えがあるんだということを、正々堂々《せいせいどうどう》と伝《つた》えよう。相手《あいて》にすなおな気持《きも》ちで「そうか、なるほど」とうなずいてもらえるように、あまりだらだらと書《か》かず、「あなたの考《かんが》えはA《エー》だよね。でも、わたしの考《かんが》えはB《ビー》なんだよ」ということを、さらりと言《い》ってのけるのがいい。

**佳奈《かな》**　「さらりと」かぁ〜。わたしはいろいろ考《かんが》えすぎちゃうから、この「さらり」がむずかしいんだよなぁ。だらだら書《か》かなくていいんですよね。それじゃぁ……こういうのかな……。

「5時間目《じかんめ》のあとの話《はな》し合《あ》いで、わたし、ちゃんと言《い》えなかったことがあるんです。わたし、いまあやかにいきなり手紙《てがみ》を出《だ》してもだめだと思《おも》うの。わたし、あやかとずっと仲《なか》よくしてきたから、あやかが元気《げんき》になって教室《きょうしつ》にもどってくるためには、もっとみんなでちゃんと時間《じかん》をかけて考《かんが》えなくちゃいけないことがあるような気《き》がします」

**サミュエル**　うん、きっぱりしていて、それでいていっしょうけんめい考《かんが》えている

6月
1
4 5 6 7 8
11 12 13 14 15
18 19 20 21 22
25 26 27 28 29
月 火
1 理 理
2 算 国
3 国 算
4 家 社
5 国 音
6
KANA

こともわかるね。ただ、「こんなにちゃんと『みんなの考《かんが》えじゃだめだ』って思《おも》ってるんだったら、どうして、もっと早《はや》く言《い》わなかったんだよ」って思《おも》われてしまうかもしれない。だから、最初《さいしょ》に〝みんなの考《かんが》えをしっかり受《う》けとめたうえでの手紙《てがみ》なんだ〟ということを、もっとはっきり書《か》いたほうがいいかもしれないな。たとえば、こんなふうに。

☆「〇〇さんの考《かんが》えは、よくわかりました。それでわたしも、勇気《ゆうき》を出《だ》して自分《じぶん》の考《かんが》えを伝《つた》えておこうと思《おも》います」

どうだい？　こういう書《か》き出《だ》しだと、あんまりべたべたしていなくて、読《よ》んでいる相手《あいて》も佳奈《かな》ちゃんのことを自分《じぶん》の敵《てき》だとか味方《みかた》だとかを考《かんが》えずに、別《べつ》の考《かんが》えを聞《き》いてみようっていう気持《きも》ちで読《よ》めるんじゃないかな。

そして、途中《とちゅう》まで書《か》いたら一度《いちど》立《た》ちどまって考《かんが》える。この姿勢《しせい》をことばでもちゃんと書《か》いておくと、きみの印象《いんしょう》も、文章《ぶんしょう》もしっかりしてくるよ。

☆「こんな書《か》き方《かた》じゃ、あまりうまく説明《せつめい》できていないかな？　つまりね……」

じつは、ここで言《い》いたいことをもう一度《いちど》念押《ねんお》しするわけなんだけれども、いきなり「つまり、わたしの言《い》いたいことは……」とやっちゃうと、なんだかえらそうだし、相手《あいて》は教《おし》えこまれているような気持《きも》ちになってしまうかもしれないので、まずは「こんな書《か》き方《かた》じゃだめかもしれないから、言《い》いかえてみるね」というやわらかーいひとことを入《い》れると、効果的《こうかてき》なんだ。

そして、言《い》いたいことをしっかり書《か》いたあとには、やっぱりだいじなしめくくりのことばを伝《つた》えよう。

☆「○○さんに私《わたし》の考《かんが》えをわかってもらえたら、すごくうれしいです。まだどっちが正《ただ》しいことかはわからないけれど、あきらめないでこれからも、ちゃんとお互《たが》いの考《かんが》え方《かた》を隠《かく》さずに伝《つた》えられる仲《なか》でいたいです。よろしくね」

はい、これで晴《は》れ晴《ば》れきっぱりの握手《あくしゅ》！　ちがった意見《いけん》を隠《かく》さずに伝《つた》えることで「これからもよろしく！」の握手《あくしゅ》ができるなんて、最高《さいこう》じゃん。

**サミュエル**　どうだい、佳奈《かな》ちゃん。めざすゴール別《べつ》に教《おし》えた決《き》めゼリフ、すこしは使《つか》えそうかい？

**佳奈《かな》**　う〜ん、教《おし》えてもらったセリフとそっくり同《おな》じじゃなくても、こんなふうな感《かん》じで書《か》いてもらえたら、読《よ》んでいて「あぁ、わたしをたよってくれているんだな。わたしのことを信《しん》じて、ほんとの気《き》持《も》ちを伝《つた》えてくれてるんだな」って、やわらかあ〜い気《き》持《も》ちで読《よ》めると思《おも》います。

**サミュエル**　そうそう、〝決《き》めゼリフ〟っていうのは、心《こころ》にもないことを書《か》いて相《あい》手《て》をその気《き》にさせることじゃない。むしろ、自分《じぶん》の心《こころ》の中《なか》にあってモヤモヤしているものをはっきりさせる、〝決《き》めのことば〟なんだ。

**佳奈《かな》**　わたし、なんだかだんだん、手紙《てがみ》を書《か》きたくなってきました！

**サミュエル**　いいぞいいぞ！　それでは、最後《さいご》のレッスンにすすもう。

## レッスン3　〝ヘンだ〟はこんなふうにも伝《つた》えられる

**サミュエル**　ここでは、佳《か》奈《な》ちゃんよりも小《ちい》さい子《こ》どもたちが書《か》いた、「なんかヘンだ」の手《て》紙《がみ》を紹《しょう》介《かい》しよう。この子《こ》たちは、レッスン1も受《う》けてないし、佳《か》奈《な》ちゃんにレッスン2でこっそり教《おし》えたような決《き》めゼリフも知《し》らないで書《か》いてる。でも、なんだか胸《むね》にズンとくる手《て》紙《がみ》だ。どうしてなんだろう？　この「どうして？」を考《かんが》えることも、だいじなレッスンのひとつだよ。

まずは、小学校《しょうがっこう》1年生《ねんせい》の女《おんな》の子《こ》が、担任《たんにん》の先生《せんせい》にあてて書《か》いた手紙《てがみ》を読《よ》んでもらおう。

＊　＊　＊

わたしは、たかはしまさこです。

わたしは、どうしてせんせいのゆうことばかりきかないとしかられるのか、わかりません。

せんせいが、ゆうことをきいてもらえなくてくやしいのならば、わたしたちこどもだっていやなことがあるって、わかってほしいよ。

わたしたちこどもだって、いつかせんせいたちみたいになるんだから、いまは、せんせいがこどもで、わたしたちがおとなになったきぶんでしかってみてよ。

そしたら、わたしたちがいつもどうゆうきもちでしかられているのか、きっとせんせいにもわかるよ。

そして、せんせいばかりが「あしたはこくご」「あしたはしゃかい」ってきめるよりも、1ねんせいから6ねんせいまで、みんなでかんがえて、「こくご」「さんすう」ってかんがえたほうが、おもしろいんじゃないかとおもいます。

そして、2ねんせいからの「ありじごく」、あぶないんなら、2ねんせいからじゃなくて、1ねんせいでもちょうせんしてみたほうが、みんなであそべて、たのしいとおもうよ。

あと、いみはちがうかもしれないけど、どうして1ねんせいがいつもつかうあ

4
5
6
5月7日(月)
日直
1年1組

1ねん1くみ じかんわり
月《げつ》
火《か》
水《すい》
木《もく》
1
こくご
としょ
さんすう
2
さんすう
たいいく
どうとく
3
ずこう
さんすう
4
ずこう
おんがく
5
たいいく
ずこう
2
1

そびばにはどうしてぶらんこがないの。おちるとあぶないからだとしたら、どうしてほいくえんにはぶらんこがあるの?
　せんせい、しつもんにこたえられないのなら、こどもだって、いつもせんせいのしつもんにこたえられるとはかぎらないんだよ。

* * *

**サミュエル**　これは、レッスン2でやった「よく聞《き》いて型《がた》」の手《て》紙《がみ》例《れい》だ。まさこちゃんは、小学校《しょうがっこう》に入学《にゅうがく》したら楽《たの》しみにしていたぶらんこもありじごくも、「あぶないから2年生《ねんせい》になるまで使《つか》ってはいけません」と教室《きょうしつ》で言《い》われて、どうしてもそれが納得《なっとく》できなかったんだね。小学校《しょうがっこう》に入《はい》ったら、「おとなの言《い》うこと」「先生《せんせい》の言《い》うこと」をよく聞《き》くようにとくりかえし言《い》われるけれど、「子《こ》どもの気《き》持《も》ち」だってよく聞《き》いてほしいと思《おも》っていることがよくわかるよね。

**佳奈《かな》**　この子《こ》、1年生《ねんせい》でも、なんかきりっとしてますねぇ。必《ひっ》死《し》に先生《せんせい》の顔《かお》を見《み》つめてしゃべってる感《かん》じがするもの。手紙《てがみ》を出《だ》して実際《じっさい》にどうなったか、気《き》になるわ。

**サミュエル**　まさこちゃんからこの手紙《てがみ》をもらった先生《せんせい》は、ずいぶんびっくりしたらしいけれど、まさこちゃんの質問《しつもん》にちゃんと答《こた》えられないことにハッとして、クラスのみんなで、遊《あそ》び場《ば》のことや時間割《じかんわり》のことについてひとつずつ話《はな》し合《あ》ったそうだ。最後《さいご》の文章《ぶんしょう》は、なんだかちょっとキョーハクめいてるようにも読《よ》めるけれど、1年生《ねんせい》のまさこちゃんにしてみれば、精一杯《せいいっぱい》せのびして先生《せんせい》にちゃんと気持《きも》ちを伝《つた》えようとしてるし、先生《せんせい》のことが大好《だいす》きだからこそ、いっしょうけんめい手紙《てがみ》で話《はな》しかけてるんだなということがわかるよね。だから先生《せんせい》も、ムッとせずにちゃんと受《う》けとめてくれたんだろうね。

　次《つぎ》は、小学《しょうがく》3年生《ねんせい》のゆうきくんが、お母《かあ》さんにあてて書《か》いた手紙《てがみ》だ。

＊　＊　＊

ぼくは、悪《わる》くない。だから、ぜったいに、ごめんなさいは言《い》わない。

言《い》うもんか、お母《かあ》さんなんかに。だって、お母《かあ》さんがよういしてくれたおやつをだしてくれるけど、お母《かあ》さんのだしてくれるりょうりがすごくたりないから、こっそり食《た》べたけどそれは、りょうが少《すく》ないから、もう少《すこ》しりょうがいっぱいあれば、こっそり食《た》べないけど、少《すく》ないとぜったいに食《た》べてしまう。だからお母《かあ》さんには、ごめんなさいは、ぜったいに言《い》わない。そして、なぜかお母《かあ》さんがこっそり食《た》べたくせにぼくのせきにんにするなんていくらなんでも、けっこうひどいじゃないか。だから、ぜったいぜったいごめんなさいは、言《い》わない。だけどぼくは、すごくあきれたと思《おも》ったけど、でも悪《わる》いのは、お母《かあ》さんのほうが悪《わる》い。だから、おかあさんがあやまるべきだ。だから、ごめんなさいは言《い》わない。

＊　＊　＊

**サミュエル**　これは、「あやまるのはいやだ」というきっぱりした「ちゃんと言《い》わせて型《がた》」の手紙《てがみ》だね。

**佳奈《かな》**　「ぜったいにあやまらない」ってくりかえすゆうきくんのあふれるような悲《かな》しみが、わたしにも伝《つた》わってきました。自分《じぶん》は悪《わる》くないっていうことが、弁解《べんかい》じゃ

なくて、この子《こ》のプライドとして、伝《つた》わってくる。だから、なんだかカッコいいわ。「ぜったい」ということばも、「べきだ」っていうことばも、えらそうに感《かん》じられないし、泣《な》き出《だ》しそうな気持《きも》ちをいっしょうけんめい支《ささ》えていることばなんだって、わかる。ゆうきくんが、鉛筆《えんぴつ》をぎゅうっとにぎりしめてこの手紙《てがみ》を最後《さいご》まで書《か》いたってことが、えらいなぁ。

**サミュエル**　心《こころ》に響《ひび》く手紙《てがみ》の秘密《ひみつ》が、どうやらわかってきたみたいだね。

　せっかく勇気《ゆうき》を出《だ》して相談室《そうだんしつ》にきてくれたんだから、ここまでのレッスンで学《まな》んだことをしっかりいかした手紙《てがみ》を書《か》いてほしい。

　でも、レッスンを受《う》けていない小《ちい》さい子《こ》でも、読《よ》んだ人《ひと》の心《こころ》を打《う》つ手紙《てがみ》は書《か》ける。それには、自分《じぶん》の気持《きも》ちをごまかさないで、まっすぐに相手《あいて》に向《む》かってその気持《きも》ちを届《とど》けようと思《おも》い続《つづ》けることが、なによりだいじ。そんなふうに努力《どりょく》している姿《すがた》がステキでないわけないいんだから。

**佳奈《かな》**　そっか。「なんかヘンだ」って考《かんが》えている自分《じぶん》のことを、わたしは好《す》きじゃなかった気《き》がします。でも、好《す》きじゃない自分《じぶん》を人《ひと》に見《み》せるなんて、おかしいですよね。いっしょうけんめい考《かんが》えていっしょうけんめい伝《つた》えようとしている自分《じぶん》のことを、自分《じぶん》も好《す》きでいられるように……それができれば、みんなとも自信《じしん》をもって向《む》き合《あ》えるのかも。

**サミュエル**　佳奈《かな》ちゃん、いまのきみは、相談室《そうだんしつ》のドアを開《あ》けて入《はい》ってきたときよりも、ずっとキラキラしているよ。

## レッスンが終《お》わって

**サミュエル**　どうだい？　佳奈《かな》ちゃん。３つのレッスンを終《お》えた感想《かんそう》は？

**佳奈《かな》**　はい。「レッスン１」の問題《もんだい》を解《と》きながら、考《かんが》えました。今回《こんかい》、あやかのことを話《はな》し合《あ》ったときに、もうすこし勇気《ゆうき》を出《だ》して、その場《ば》で「ほんとにそれでいいのかなぁ」って言《い》ってみればよかったなって。ここにくるまでは「じゃぁ、佳奈《かな》にはどういうアイデアがあるの？」って聞《き》かれたら困《こま》るからそんなことできないって思《おも》ってたけど、「え～と、それはまだいい方法《ほうほう》が見《み》つからないんだけど、もう少《すこ》し時間《じかん》をかけて、ほんとうにあやかが喜《よろこ》ぶのはどんなことなのか、みんなで考《かんが》えてみませんか？」って、あの場《ば》で言《い》うこともできたんだなぁって、よくわかりました。

　でも、クラスの話《はな》し合《あ》いの時間《じかん》に逆《ぎゃく》もどりすることはできないから、手紙《てがみ》を書《か》くことで同《おな》じように伝《つた》えてもだいじょうぶなんだって、すこし自信《じしん》がもてました。

**サミュエル**　そうそう、そのとおり。さて、「レッスン2」で、佳奈《かな》ちゃんのめざすゴールもはっきりわかったわけだよね。佳奈《かな》ちゃんの今回《こんかい》のお悩《なや》みは、3つのうちの何型《なにがた》だった？

**佳奈《かな》**　え〜と、全員《ぜんいん》であやかに手紙《てがみ》を書《か》くのをとにかくやめさせたいっていうのは、「ストップ型《がた》」ですよね。

それから、「多数決《たすうけつ》でなんでもかんでも決《き》めるのは、ヘンだと思《おも》う」ということと、「みんながどうしたいかじゃなくて、あやかがどうしてもらいたいだろうかっていうふうに考《かんが》えてほしい」というふたつの意見《いけん》を、わたしはもっている。でも、「多数決《たすうけつ》はヘン」という意見《いけん》は、いまここでどうしても伝《つた》えたいことじゃなくて、また別《べつ》の機会《きかい》にみんなと話《はな》し合《あ》えばいいような気《き》がする。だから、いまわたしがめざすゴールは、「あやかの気持《きも》ちになって、もう一度《いちど》どうしたらいいかを考《かんが》えようよ」っていう提案《ていあん》をすること。これは、「ちゃんと言《い》わせて型《がた》」ですよね。

**サミュエル**　なるほど。ゴールがいくつもあるときには、なるべくそのゴールをシンプルにしたほうが、相手《あいて》にもわかってもらいやすいよね。最初《さいしょ》に佳奈《かな》ちゃんと話《はな》

したときから、「今回《こんかい》のお悩《なや》みには、佳奈《かな》ちゃんのいろんな気持《きも》ちが混《ま》じっているな」と感《かん》じていたけれど、ちゃんと自分《じぶん》で整理《せいり》できたね。それでは、いよいよ①と③のミックス型《がた》ということで、①と③の〝決《き》めゼリフ〟を参考《さんこう》にして、佳奈《かな》ちゃんらしい手紙《てがみ》を書《か》いてみようか。

**佳奈《かな》**　やってみます。これは、クラスの仲間《なかま》とけんかすることじゃない。最後《さいご》にみんなと心《こころ》の握手《あくしゅ》をするために書《か》くんですよね！　「レッスン3」で読《よ》ませてもらった子《こ》どもたちみたいに、まっすぐな気持《きも》ちも忘《わす》れずに。

**サミュエル**　その調子《ちょうし》、その調子《ちょうし》。

# 佳奈《かな》がクラスのみんなにあてて書《か》いた手紙《てがみ》

5年《ねん》1組《くみ》のみんなへ

とつぜん手紙《てがみ》なんて書《か》いて、みんなをおどろかせてしまってごめんなさい。

ほんとうは昨日《きのう》すぐに言《い》うべきだったんだけど、ずっと考《かんが》えてたことがあります。

昨日《きのう》の5時間目《じかんめ》が終《お》わってからの話《はな》し合《あ》い、みんなでいっしょうけんめい考《かんが》えて「手紙《てがみ》を出《だ》そう」っていう案《あん》に決《き》まったよね。でも、わたしたちが決《き》めたことって、ほんとうにあやかが喜《よろこ》ぶことなのかな。いまのあやかは、みんなが自分《じぶん》のことをどう思《おも》ってるかすっごく心配《しんぱい》してると思《おも》うの。「はやく元気《げんき》になって、学《がっ》校《こう》にもどってきてね」って、わたしたちが手紙《てがみ》を書《か》いても、きっと、学校《がっこう》にもどったら、またからかわれるんじゃないかってことが不安《ふあん》で、こわいと思《おも》うの。

「じゃぁ、どうすればいいの？」って、きっとみんなは言《い》いたいよね。どうすればいいのか、いっぱい考《かんが》えたけど、ごめんなさい、わたしにもまだ方法《ほうほう》はわからないの。

ただ、もしわたしがあやかだったら、どんなことをしてもらうよりも、わたしをクラスの仲間《なかま》だってちゃんと思《おも》い続《つづ》けてほしい。からかったりしちゃったけど、ほんとうはだいじな友《とも》だちだよって、心《こころ》の中《なか》で思《おも》っててほしい。

だから、お願《ねが》いします。手紙《てがみ》を書《か》くことで終《お》わりにしないで。あやかのことを友《とも》だちだっていつも思《おも》っててください。そして、あやかにとっていちばんいい方《ほう》法《ほう》をずっといっしょに考《かんが》えてください。

こんな手紙《てがみ》を書《か》いて「ヘンなやつ」だって思《おも》われるかもしれないって、すこしこわいんだけど、みんならわかってくれるって信《しん》じています。わたしも、みんなと、あやかと、ずっと友《とも》だちでいたい。昨日《きのう》、あのときにちゃんと言《い》えなくてごめんなさい。これからも、ずっとずっとよろしくね。

5年《ねん》1組《くみ》の仲間《なかま》・佳奈《かな》より

# それから1週間《しゅうかん》ほどして……

サミュエル　あれっ、佳奈《かな》ちゃんじゃないか。どうしちゃったの、にこにこして？

佳奈《かな》　このあいだの手紙《てがみ》、うまくいきました！　あやかに手紙《てがみ》を書《か》くことを提案《ていあん》した田《た》坂《さか》くんが、「佳奈《かな》が言《い》うとおりかもな。おれたち男子《だんし》はみんな、だいじなことをすっとばしてた気《き》がする。『デカルコマニー』ってからかったこと、あれほんとうにふざけすぎだった。ごめんよ』ってあやかにあやまるのが先《さき》だよな。そして、『またいっしょに5年《ねん》1組《くみ》

で楽《たの》しくやろうぜ』って気持《きも》ちで手紙《てがみ》を書《か》かなきゃ、あやかだって、どうすればいいかわかんないよな」って言《い》ってくれたんです。そしたら、いきなり原田《はらだ》が立《た》ちあがって、「あやか、ごめん」って。

**サミュエル**　それはすごいね。田坂《たさか》くんも原田《はらだ》も、なかなかいいやつじゃないか。

**佳奈《かな》**　ええ、わたしも初《はじ》めてそう思《おも》いました。男子《だんし》は、ほんと、ふざけすぎなんだけど。それでね、昨日《きのう》からあやか、学校《がっこう》にきてます！

　あたしうれしくて、あやかにこのお悩《なや》み相談室《そうだんしつ》のことを話《はな》したら、あやかも「これから、〝ヘンだな〟って思《おも》うことがあったら、わたしも勇気《ゆうき》を出《だ》して手紙《てがみ》を書《か》いてみたい」って。それから、5年《ねん》1組《くみ》のみんなも、サミュエルさんに会《あ》いたい、会《あ》いたいって。

**サミュエル**　うっひゃ〜！　こりゃ、とうぶん相談室《そうだんしつ》は大忙《おおいそが》しだぁ。

# おわりに——最後《さいご》まで読《よ》んでくれたあなたへ

佳奈《かな》ちゃんの今回《こんかい》のお悩《なや》みは、思《おも》いきって手紙《てがみ》を書《か》くことで、どうやら解決《かいけつ》しました。

でも、これからだって佳奈《かな》ちゃんはきっと「なんだかヘン」って感《かん》じる事件《じけん》に、何度《なんど》となく出《で》くわすことでしょう。そのとき、サミュエルくんがまだお店《みせ》を開《ひら》いていて、また相談《そうだん》にのってくれるかどうかはわかりませんよね。でも、「あたしはそうは思《おも》わない」っていう気持《きも》ちから逃《に》げずに、ちゃんと最後《さいご》まで自分《じぶん》の正直《しょうじき》な気持《きも》ちとつきあって、そのことを相手《あいて》に伝《つた》える経験《けいけん》をした佳奈《かな》ちゃんだから、次《つぎ》の事件《じけん》に出《で》くわしたとき、勇《ゆう》気《き》が出《で》るはずです。「ほら、サミュエルくんが言《い》ってくれたように、まずは深《しん》呼《こ》吸《きゅう》して、それから、自分《じぶん》はいったいどうしたいのか、どうなればいいと願《ねが》っているのか、ちゃんと気持《きも》ちを整理《せいり》してごらん」ってね。

　そうです、佳奈《かな》ちゃんといっしょにレッスンを続《つづ》けたあなたも、きっと！

**村中李衣**（むらなか　りえ）

1958年山口県生まれ。児童文学作家、梅光学院大学教授。筑波大学人間学類卒業後、日本女子大学大学院で児童文学を学ぶ。その後、創作活動に従事する一方、「読書療法」「絵本を介したコミュニケーションの可能性」「関係性の回復をめざしたトレーニング」をテーマに研究・執筆を続ける。おもな著書に『かむさはむにだ』（偕成社、日本児童文学者協会新人賞）、『小さいベッド』（偕成社、サンケイ児童出版文化賞）、『おねいちゃん』（理論社、野間児童文芸賞）、『子どもと絵本をよみあう』（ぶどう社）、『とうちゃん、おかえり』（ポプラ社）など。第一回子どもの文化21世紀賞受賞、山口県芸術文化振興奨励賞受賞。

**藤原ヒロコ**（ふじわら　ひろこ）

1972年大阪生まれ。イラストレーター。武蔵野美術大学視覚伝達デザイン学科卒業。書籍・雑誌のイラストを中心に活動中。挿画に『育育児典』『年老いた猫との暮らし方』（いずれも岩波書店）、『子育て支援ひだまり通信』（チャイルド本社）、『子どもは体育会系で育てよう』（阪急コミュニケーションズ）、雑誌イラストに『月刊クーヨン』（クレヨンハウス）、『婦人公論』（中央公論社）、『クロワッサン』（マガジンハウス）、『うちの猫のキモチがわかる本』（学研）など。子どもや猫のイラストに定評がある。藤原ヒロコイラストホームページ「散歩日和」http://www010.upp.so-net.ne.jp/fujiwara72/　オリジナル猫人形も制作している。「猫人形店」http://kucing2011.jugem.jp/

編集・制作：本作り空Sola
装丁：オーノリュウスケ（Factory701）

小学生《しょうがくせい》のための文章《ぶんしょう》レッスン
**なんかヘンだを手紙《てがみ》で伝《つた》える**
2012年6月25日　初版第1刷発行

作　村中李衣
絵　藤原ヒロコ
発行者　小原芳明
発行所　玉川大学出版部
〒194-8610　東京都町田市玉川学園6-1-1
TEL 042-739-8935　FAX 042-739-8940
http://www.tamagawa.jp/introduction/press/
振替:00180-7-26665
編集　森 貴志

印刷・製本　日新印刷株式会社

乱丁・落丁本はお取り替えいたします。

ISBN978-4-472-30301-2 C8081 / NDC816